O BRASIL NA POESIA AFRICANA DE LÍNGUA PORTUGUESA

Antologia

VOZES DA ÁFRICA

ANITA M. R. DE MORAES
VIMA LIA R. MARTIN
organizadoras

O BRASIL NA POESIA AFRICANA DE LÍNGUA PORTUGUESA

Antologia

kapulana

São Paulo
2019

Copyright©2019 Editora Kapulana Ltda.

A editora optou por manter a grafia da língua portuguesa do texto original, respeitados os termos do Acordo Ortográfico da Língua Portuguesa, decreto n° 6.583, de 29 de setembro de 2008.

Organizadoras:	Anita M. R. de Moraes
	Vima Lia R. Martin
Coordenação editorial:	Rosana Morais Weg
Projeto gráfico e capa:	Daniela Miwa Taira

Dados Internacionais de Catalogação na Publicação (CIP)
(Câmara Brasileira do Livro, SP, Brasil)

O Brasil na poesia africana de língua portuguesa:
antologia/ Anita M. R. de Moraes, Vima Lia R. Martin
organizadoras. -- São Paulo: Kapulana,
2019. -- (Vozes da África)

ISBN 978-85-68846-67-4

1. Poesia 2. Antologia 3. Literatura africana
(Português) - História e crítica 4. Poesia -
Coletâneas
I. Moraes, Anita M. R. de. II. Martin, Vima Lia R.
III. Série.

19-24802 CDD-869.09

Índices para catálogo sistemático:
1. Literatura africana em português: História e crítica   869.09

Maria Alice Ferreira - Bibliotecária - CRB-8/7964

2019

Reprodução proibida (Lei 9.610/98). Direitos desta edição reservados à Editora Kapulana Ltda.
Rua Henrique Schaumann, 414, 3° andar, CEP 05413-010, São Paulo, SP, Brasil.
editora@kapulana.com.br – www.kapulana.com.br

SÃO TOMÉ E PRÍNCIPE

Caetano da Costa Alegre 10
O sonho dantesco

ANGOLA

José da Silva Maia Ferreira 14
À minha terra
A minha terra

Ruy Duarte de Carvalho 26
Fala de um brasileiro ao capitão-mor Lopo Soares de Lasso

João Melo 28
Aprendizagem
João Cabral de Melo Neto
Canção para Milton Nascimento

Carlos Ferreira 34
Poema setenta e seis

José Luís Mendonça 38
Poema preto de fome
A cor da Humanidade
Poesia verde

Ondjaki 44
Chão
De Adélias e prados
Essa palavra margem

MOÇAMBIQUE

Noémia de Sousa 50
    Poema a Jorge Amado
    Poema de João
    Samba

Luís Carlos Patraquim 62
    Drummondiana
    Metamorfose

Nelson Saúte 68
    A viagem profana

CABO VERDE

Vera Duarte 74
    Os meninos

TERMOS RELACIONADOS AO UNIVERSO AFRICANO E DA DIÁSPORA 77
    Substantivos e termos comuns
    Nomes de pessoas e lugares

OUTROS POEMAS AFRICANOS QUE FAZEM REFERÊNCIA AO BRASIL E/OU À CULTURA BRASILEIRA 82

O Brasil e a poesia africana de língua portuguesa: perspectivas de leitura por Anita M. R. de Moraes e Vima Lia R. Martin 87

▲▼▲▼▲▼▲

SÃO TOMÉ E PRÍNCIPE

CAETANO DA COSTA ALEGRE
(São Tomé e Príncipe, 1864 – Portugal, 1890)

O sonho dantesco

> À Exma. Sra. D. Cacilda Eirado Martins
> *Era um sonho dantesco... o tombadilho*
>
> Castro Alves

"Era um sonho dantesco..." repetia,
Aquela pálida e gentil morena,
Na fresca e doce entoação amena
Do canto de ave ao despontar do dia.

"Era um sonho dantesco..." ela dizia,
Poisando a fronte cândida e serena
Na branca mão artística e pequena,
Imaginando o sonho que seria.

Que estranha criancice! Que loucura!
Como podia aquela mente pura
Compreender o sonho gigantesco?!

Contudo pensativa ela cismava,
Imaginar o sonho procurava,
Dizendo sempre: "Era um sonho dantesco"!...

ALEGRE, Caetano da Costa. *Versos*. Embaixada da República Federativa do Brasil em São Tomé e Príncipe, 2012.

ANGOLA

· ◉ · ◉ · ◉ · ◉ ·

JOSÉ DA SILVA MAIA FERREIRA
(Angola, 1827 – Brasil, 1881)

À minha terra!
(No momento de avistá-la
depois de uma viagem)

> Dedicação ao meu compatriota o ilustríssimo
> senhor Joaquim Luís Bastos

De leite o mar – lá desponta
Entre as vagas sussurrando
A terra em que cismando
Vejo ao longe branquejar!
É baça e proeminente,
Tem da África o sol ardente,
Que sobre a areia fervente
Vem-me a mente acalentar.

Debaixo do fogo intenso,
Onde só brilha formosa,
Sinto na alma fervorosa
O desejo de a abraçar:
É a minha terra querida,
Toda da alma, – toda-vida, –
Que entre gozos foi fruída
Sem temores, nem pesar.

Bem-vinda sejas, ó terra,
Minha terra primorosa,
Despe as galas – que vaidosa
Ante mim queres mostrar:
Mesmo simples tens fulgores,
Os teus montes têm primores,
Que às vezes falam de amores
A quem os sabe adorar!

José da Silva Maia Ferreira

Navega pois, meu madeiro,
Nestas águas de esmeraldas,
Vai junto do monte às faldas
Nessas praias a brilhar!
Vai mirar a natureza,
Da minha terra a beleza,
Que é singela, e sem fereza
Nesses plainos de além-mar!

De leite o mar, – eis desponta
Lá na estrema do horizonte,
Entre as vagas – alto monte
Da minha terra natal;
É pobre, – mas tão formosa
Em alcantis primorosa,
Quando brilha radiosa,
No mundo não tem igual!

FERREIRA, José da Silva Maia. *Espontaneidades da minha alma*. Lisboa: Imprensa Nacional / Casa da Moeda, 2002.

A minha terra

No álbum do meu amigo João d'Aboim

Recevez donc mon hymne, ô mon pays natal,
Et offrez-le de bon coeur à qui sut bien chanter
La riante nature du beau Portugal.[1]

Do autor

Minha terra não tem os cristais
Dessas fontes do só Portugal,
Minha terra não tem salgueirais,
Só tem ondas de branco areal.

Em seus campos não brota o jasmim,
Não matiza de flores seus prados,
Não tem rosas de fino carmim,
Só tem montes de barro escarpados.

Não tem meigo trinar – mavioso
Do fagueiro, gentil rouxinol,
Tem o canto suave, saudoso
Da Benguela no seu arrebol.

Primavera não tem tão brilhante
Como a Europa nos sói infiltrar,
Não tem brisa lasciva, incessante,
Só tem raios de sol a queimar.

---

[1] N.T.: (do fr.) Receba então meu hino, ó meu país natal, / E o ofereça de bom coração a quem soube cantar / A natureza risonha do belo Portugal.

Não tem frutos por Deus ofertados,
Qual mimoso torrão português,
Não tem rios por Bardos cantados,
Qual Mondego, nos factos de Inês.

Não tem feitos de glória que ao mundo
Orgulhosa se possa ufanar,
Não tem fado, destino jucundo,
E se o tem, quem o há-de anelar? –

Tem palmeiras de sombra copada
Onde o Soba de tribo selvagem,
Em c'ravana de gente cansada,
Adormece sequioso de aragem.

Empinado alcantil dos desertos
Lá se aninha sedento o Leão
Em covis de espinhais entr'abertos,
Onde altivo repousa no chão.

Nesses montes percorre afanoso,
A zagaia com força vibrando,
O Africano guerreiro famoso
A seus pés a pantera prostrando.

Não tem Virgens com faces de neve
Por quem lanças enriste Donzel,
Tem donzelas de planta mui breve,
Mui airosas, de peito fiel.

Seu amor é qual fonte de prata
Onde mira quem nela se espelha
A doçura da pomba que exalta,
A altivez, que a da fera semelha.

Suas galas não são afectadas,
Coração todo amor lhe palpita,
Suas juras não são refalsadas,
No perjúrio a vingança crepita.

Sabe amar! – Mas não tem a cultura
Desses lábios de mago florir;
Em seu rosto se pinta a tristura,
Os seus olhos têm meigo luzir.

Minha terra não tem os cristais
Dessas fontes do só Portugal;
Minha terra não tem salgueirais,
Só tem ondas de branco areal.

Não tem Vates por Deus inspirados,
Que decantem um Gama, um Moniz,
Que em seus feitos com loiros ganhados
Deram lustre ao nativo país.

Não os tem; porque a sorte negou-lhe
Do Poeta a divina missão,
Do Poeta, que a pátria decanta
Com vanglória, com mago condão.

Se assim fora – o Vate africano –
Decantara do íntimo da alma
Quem primeiro nos plainos torrados
De infiéis alcançou justa palma.

Decantara esse filho – Soldado –
De Albarrota do grão vencedor,
Que nos brados de guerra soltados
Só mostrava denodo e valor.

Decantara um Conde Barcelos,
Um Fernando Senhor de Bragança,
Que aos Mouros filharam Cidades,
Só tomadas à ponta de lança.

Decantara nas guerras de Túnis,
De Granada, Marrocos e Fez,
Das vitórias o brado incessante –
Contra mil – do quinhão Português.

Decantara Afonso Guterrres,
Um Gonçalves, um Nuno Tristão
Que primeiros levaram à pátria
Os cativos do ardente torrão.

Entre eles, também decantara
Um Gonçalo de Sintra, que ousado
Num esteiro nadando morreu
Penetrando Guiné conquistado.

Decantara-os! – Mas que, minha terra
Não tem Vate por Deus inspirado;
Não é pátria do divo Camões
Tão poeta, quão bravo soldado.

Não é pátria dos Vates da América
Que em teus cantos, com maga harmonia,
Na Tijuca em seu cume sentado
Decantaste em tão bela poesia.

Não os tem; porque em terra africana
Não há Cisne em gentil Guanabara,
Mais mimosa, mais bela e mais rica
Do que o oiro do meu Uangara.

Minha terra não tem arvoredos
Tão frondosos, sombrios e belos
Como os teus, em Palmela risonha,
Toda envolta em seus verdes cabelos.

Não tem vagas humildes beijando
Os vergéis dessas serras altivas
Que ora brandas não gemem, suspiram,
Ora rugem – por ventos batidas.

Minha terra não tem o granito
E o verdor do teu Sintra empinado
Que de amor suas falas sentidas
Decantaste por ele inspirado.

Nada tem minha terra natal
Que extasie e revele primor,
Nada tem, a não ser dos desertos
A soidão que é tão grata ao cantor.

Mesmo assim rude, sem primores da arte,
Nem da natura os mimos e belezas,
Que em campos mil vicejam sempre,
      É minha pátria!

Minha pátria por quem sinto saudades,
Saudades tantas que o peito ralam,
E com tão viva força qual sentiste,
Quando no cume da Tijuca altiva
Meditando escreveste em versos tristes,
Versos que tanto amei, e que amo ainda,
As saudades dos lares teus mimosos!
É minha pátria ufanoso o digo!
Deu-me o berço, e nela vi primeiro
A luz do sol embora ardente e forte.
Os meus dias de infância ali volveram
No tempo ao coração mais primoroso,
Nesses dias ditosos, em que apenas
Ao mundo despertado, vi e ouvia
Por sobre os lábios meus roçarem beijos,
Beijos de puro amor, nascidos da alma,
Da alma de Mãe mui carinhosa e bela!

Foi ali que por voz suave e santa
Ouvi e cri em Deus! É minha pátria!

E tu, poeta bem fadado,
Que na gentil Guanabara
Tantos cantos tens cantado
À tua pátria preclara,
Recebe este meu canto
De amargor e de pranto,
Sem belezas, sem encanto,
À minha pátria tão cara.

Vi as belezas da terra,
 Da tua terra sem igual,
Mirei muito do que encerra
O teu lindo Portugal;
E se invejo a lindeza,
Da tua terra a beleza,
Também é bem portuguesa
A minha terra natal.

Com glória trago no peito
Esse nome outrora forte,
Que não sei o que foi feito
Do seu presságio de sorte.
E se ainda dorme indolente,
Bem cantaste, em voz cadente,
Que há de surgir potente
Desse letargo de morte.

Também invejo o Brasil
Sobre as águas a brilhar,
Nesses campos mil a mil,
Nesses montes dalém-mar.
Invejo a formosura
Desses prados de verdura,
Inspirando com doçura
O Poeta a descantar.

Nada tem minha terra natal
Que extasie e revele primor,
Nada tem, a não ser dos desertos
A soidão que é tão grata ao cantor.

E tu, Poeta bem fadado,
Que na gentil Guanabara,
À tua pátria tão cara
Tantos cantos tens cantado,
Também recebe o meu canto
De amargor e de pranto,
Sem belezas, sem encanto,
Por minha alma a ti votado!

                            Rio de Janeiro, 1849

FERREIRA, José da Silva Maia. *Espontaneidades da minha alma*. Lisboa: Imprensa Nacional / Casa da Moeda, 2002.

RUY DUARTE DE CARVALHO
(Portugal, 1941 - Namíbia, 2010)

Fala de um brasileiro ao capitão-mor Lopo Soares de Lasso

(... e mandando lá o capitão-mor a um filho do Brasil para tomar inteligência da terra e demonstrar àquele rei o queríamos como amigo, se divertiu o dito enviado daquela banda de qualidade que não tornou, afeiçoado àquelas damas negras, ou negras damas, com quem se teve notícia se aberregou... Cadornega, História Geral das Guerras Angolanas)

Aqui me fico capitão
que nestas bandas há
as muitas coisas boas
que em vossa companhia me carecem.

Aqui sou rei
maior que o vosso não de extensos reinos
porém de íntimas festas
que outra cor melhoram.

Vós descobris paragens
empenhados que andais em geografias...
E ainda aqui chegado eu já sei mais
que as vossas cartas mui sofridas...

Aqui me fico capitão
que ao sacrifício mais
me não vou dar
sabida outra maneira de aqui estar.

(1974)

CARVALHO, Ruy Duarte de. *Lavra (poesia reunida 1970-2000)*. Lisboa: Cotovia, 2005.

JOÃO MELO
(Angola, 1955)

Aprendizagem

> As coisas estão no mundo
> Só que eu preciso aprender
>
> Paulinho da Viola

Eu, a medida de todas as coisas?
As coisas estão no mundo
e todos os dias me espanto com elas.
Espanta-me o grito profundo
dos violentos pássaros matutinos.
A pedra inerte
no meio do caminho
ou servindo de aríete
nas mãos do indignado estudante coreano
espanta-me.
Maior mistério não há
do que a cruel sucessão das estações,
ano após ano.
Assustam-me os sons
ecléticos do quotidiano:
buzinas, choros, canções.
Igualmente: o áspero açoite
do vento nas árvores
fragilizadas.
Como um inseto cego e iludido,
sou atraído pelo fascínio da noite.
O oceano emociona-me,
assim como as rimas pobres:
amor e flor,
coração e paixão,

por exemplo.
Odeio injustiças, mas cometo-as,
fingindo desconhecimento.
Eis a minha única certeza:
tarde ou cedo,
serei triturado pelo velho moinho da morte,
cujas velas reinam, obscenas,
sobre todo o azar
ou sorte.
Mas estou vivo
e estou no mundo.
Ignorante e sábio,
doce e agressivo,
cobarde e capaz
de descobrir a coragem
no fundo do medo,
ingênuo e cínico,
em incessante aprendizagem:
eu, a medida de todas as coisas.

MELO, João. *O caçador de nuvens*. Luanda: União dos Escritores Angolanos, 1993.

João Cabral de Melo Neto

Quase chará,
esse poeta-faca,
de verso agudo
como um bisturi;

de verso limpo
como a caatinga
e/ou enxuto
como a seca;

de verso áspero
e cristalino
como o grito
tenso da fome...

João Cabral:
mesmo quando
de Sevilha falas,
é só o sertão

que eu vejo
diante dos olhos,
melhor: dentro
do coração.

MELO, João. *O caçador de nuvens*. Luanda: União dos Escritores Angolanos, 1993.

Canção para Milton Nascimento

A lonjura da tua voz não é apenas dos amplos vales de Minas Gerais:
abarca a negra imensidão do oceano azul que em galeras te levou
das praias invadidas do Congo, Ndongo e Benguela,
alcança os planaltos ancestrais
de onde te arrancaram ao coração da terra,
sem suspeitar que na tua voz
ia a alma de todos os homens do mundo.

Não são apenas os tambores de Minas
que ressoam na tua voz:
nela brilham, suados e polidos,
os ngomas guerreiros da Lunda,
os amorosos chocalhos ibéricos,
os doces e profundos atabaques ameríndios...

Há na tua voz melodias de rouxinóis
e gritos desesperados de catetes e catuituís,
serenas fontes e cascatas sanguinolentas,
como há pianos e tambores,
puítas e violinos,
flautas murmurantes,
ásperos e belos saxofones,
erguendo-se, como um halo de luz,
sobre os dilacerados quadris da memória reconstruída.

Na tristeza da tua voz,
na alegria da tua voz
 - a elementar coragem de cantar
sozinho no meio da escuridão

MELO, João. *Auto-retrato*. *Lisboa*: Caminho, 2007.

CARLOS FERREIRA
(Angola, 1960)

Poema setenta e seis

Hoje
acordado,
às tantas da madrugada
vi-te chegar.
Eram lentos teus passos
mas segredavas-me como sempre
tua calma
teu sorriso bonito
teu olhar sereno
(às vezes de um brilho triste).

Pouco depois
contornada a estante
explicavas-me então
toda a imensa verdade da doçura
perdida
esquecida
esganada
no justo momento do adeus.

Tenho comigo
a lupa
a fotografia em versalhes
os livros do carlos de oliveira
os discos proibidos
(mandados pelo eniuka de paris)
as cartas do joão purgante
o busto de tolstói
a prova quádrupla do rotary.

Mas não tenho mais
o teu rosto tranquilo
a infinita compreensão do mundo
os passeios à ilha
(com a mãe mais a manuela)
as histórias da maria lamas
a canção do roberto
só eu mais a solidão.

Tu em mim
eu sem ti
só eu mais a solidão.

VASCONCELOS, Adriano Botelho de (org.). *Todos os sonhos*. Antologia da poesia moderna angolana. Luanda: União dos Escritores Angolanos, 2005.

JOSÉ LUÍS MENDONÇA
(Angola, 1955)

Poema preto de fome

Sou preto de fome na história
do Brasil, da rica América
da União Europeia e da
morte de Lumumba e dos Koisan
sou preto manjar de reis
escravo-candengue vendido
este ano à república das Lundas
marcado com ferro na língua
com palmatória nos olhos
enterrado vivo outra vez
sou preto de fome e justiça
da Mão transparente de Deus.

Sou preto por dentro preto por fora
preto na alma e preto
até na menina do olho.

A minha boca tem preta
fuligem do óleo que cai
no aço do caminho-de-ferro
os meus dentes são pretos
como um ovo de galinha
a minha alma está preta
de medos como um porão
as minhas unhas são pretas
como uma noite de breu
o meu falar é tão preto
que a minha língua é carvão
quando não queima suja
o colarinho branco dos crimes

que o juiz lava sem pudor
no rio do esquecimento.

Eu ando assim preto na rua
sem calça, camisa ou chapéu
andando vou preto na pele
cintada que Deus me deu.

Os meus ossos pretos estalam
sob os carris do destino
quando ando a zungar na cidade
preto de fome um fiscal
preto de fome um polícia
me partem o braço e me levam
na guerra do kwata-kwata
que Diogo Cão nos deixou.

O meu cubico é a preta
caixa de graxa onde como
magoga com preta pomada
que cai dos sapatos que brilho.

Sou preto como este poema
da cor do povo que chora
da cor do povo que ri
da cor do povo que canta
que desbunda e se encanta
com um prato preto de funge.

O meu coração ficou preto
como o coração do irmão
que arrancou o coração preto

José Luís Mendonça

da nossa mãe que morreu
por uma Angola mais preta
que o luto das bessanganas.
Sou preto como este poema
que a roda do candongueiro
risca no asfalto preto
de Viana até à Ilha
do Catambor ao Avô Kumbi
da Maianga à Estalagem
do Ramiro até Cacuaco
do Palanca até Sekele
do Zango até no Kilamba
do Sambila até à Samba
do Katinton até na Fubu
da Mutamba até Pagena
do Cazenga até no Golfe
POEMA PRETO DE FOME.

MENDONÇA, José Luís. *Angola, Me Diz Ainda*. Luanda: Editora Acácias, 2017; Lisboa: Editora Guerra & Paz, 2018.

A cor da Humanidade

Acontece que mesmo sem ser americano
também eu nasci na América. E me sentei até
na cadeira onde sentou
Abraham Lincoln. Me chamaram
primeiro presidente negro.

Nessa terra onde as flechas do grande chefe índio
Touro Sentado
já não caçam bisontes
fui rei da música pop. Não é que me chamaram
o negro mais branco da América?
Depois da dipanda visitei a casa
do meu pai lá nos Alhais.
Um miúdo que passava falou olha o preto.
Serei eu um pretérito imperfeito
que só fala pretoguês?
Aqui no ventre solar da mamãe África
me chamam mestiço, laton e outros
conglomerados étnicos. Até branco me chamam.
Uma vez uma garina me disse
tens a cor da sorte.
Em São Paulo me fecharam
de negão no gueto e me pintaram
outra vez de preto preterido.
Um dia no aeroporto
Charles de Gaule passaram
a minha identidade a pente fino.
Pensaram que eu era tunisino.

Pois é! Se ninguém sabe ao certo
se sou preto, se sou negro
se sou branco, ou branco-negro
latão fundindo as cores de toda a Humanidade
se sou as duas, três ou quatro farinhas sem sal
desse pão preto que o diabo amassou
e deu a comer aos anjos
nesta era prodigiosa
em que os comboios têm asas

se ninguém sabe ao certo o que eu sou, então
o homem que te dedilha este poema
é Martin Luther King a te dizer
"TODOS OS HOMENS NASCEM IGUAIS"
e é Nelson Mandela que sabia
que "NINGUÉM NASCE ODIANDO OUTRA PESSOA
PELA COR DA SUA PELE".

MENDONÇA, José Luís. *Angola, Me Diz Ainda*. Luanda: Editora Acácias, 2017; Lisboa: Editora Guerra & Paz, 2018.

∿·∿·∿

Poesia verde

para Carlos Drummond de Andrade

No meio do caminho nunca houve uma só pedra
As pedras nascem na boca e a boca é o seu caminho
Das pedras que comemos as cidades ainda falam
pelos cotovelos da noite Não eram pedras eram pedras
com cabeça tronco e sexo Pariram fábricas
de pedras montadas sobre a língua E as pedras comeram
a pedra que restou no meio do caminho

MENDONÇA, José Luís. *Respirar as Mãos na Pedra*, Luanda: União dos Escritores Angolanos, 1989. Prémio Literário SONANGOL de Literatura de 1988.

ONDJAKI
(Angola, 1977)

Chão

palavras para manoel de barros

apetece-me des-ser-me;
reatribuir-me a átomo.
cuspir castanhos grãos
mas gargantadentro;
isto seja: engolir-me para mim
pouchinho a cada vez.
um por mais um: areios.
assim esculpir-me a barro
e re-ser chão. muito chão.
apetece-me chãonhe-ser-me.

ONDJAKI. *há prendisajens com o xão* (O segredo húmido da lesma & outras descoisas). Lisboa: Editorial Caminho, 2002.

∿ · ∿ · ∿

De Adélias e prados (11/12/02)

estou tão perto
que uma paz
me calca os sentidos.
eu-pedra
eu-mundo
eu-labirinto nas calmarias da tua
voz escrita.
as tuas palavras induzem à descoberta
do profundo;

escondo preces na tinta dos teus dedos,
nos teus olhos felinos
nas tuas palavras rudes – de madeira.

fico perto

tão perto de saber o que tu
e raduan
têm nos bolsos do vivenciado.
lembro que um dia
à tarde
vou acordar
e ainda preso ao sono
vou te escrever uma carta.

uma carta onde
direi (dar-te-ei)
o resto
que não tenho agora.

escondendo preces
entre bagagens

uma paz que é tua
acalma-me
os sentidos.

ONDJAKI. *Materiais para a confecção de um espanador de tristezas*. Lisboa: Editorial Caminho, 2009.

*Essa palavra margem**

margem de rio
margem da página
margem do momento [ou momento à margem]
margem-só
terceira margem [do rio, das pessoas, do amor]
poeta à margem
poesia das margens
margem de gente
à margem da vida
vidas sem margem
ficas sem margem
na margem da vida
margem de vinda
margem de ida
margens de chegada [com canoas, jangadas, embarcações]
margem adiada
margem odiada
margens dos gagos
a margem dos que estão
à margem dos que não estão
margem da liberdade
à margem da verdade
margem da lágrima

minha margem
na margem
do meu poema.

*quem quase domesticou a palavra margem foi guimarães rosa...

ONDJAKI. *Materiais para a confecção de um espanador de tristezas*. Lisboa: Editorial Caminho, 2009.

MOÇAMBIQUE

NOÉMIA DE SOUSA
(Moçambique, 1926 – Portugal, 2002)

Poema a Jorge Amado

O cais...
O cais é um cais como muitos cais do mundo...
As estrelas também são iguais
às que se acendem nas noites baianas
de mistério e macumba...
(Que importa, afinal, que as gentes sejam moçambicanas
ou brasileiras, brancas ou negras?)
Jorge Amado, vem!
Aqui, nesta povoação africana
o povo é o mesmo também
é irmão do povo marinheiro da Baía,
companheiro de Jorge Amado,
amigo do povo, da justiça e da liberdade!

Não tenhas receio, vem!
Vem contar-nos mais uma vez
tuas histórias maravilhosas, teus ABC's
de heróis, de mártires, de santos, de poetas do povo!
Senta-te entre nós
e não deixes que pare a tua voz!
Fala de todos e, cuidado!
não fique ninguém esquecido:
nem Zumbi dos Palmares, escravo fugido,
lutando, com seus irmãos, pela liberdade;
nem o negro António Balduíno,
alegre, solto, valente, sambeiro e brigão;
nem Castro Alves, o nosso poeta amado;
nem Luís Prestes, cavaleiro da esperança;
nem o Negrinho do Pastoreio,

nem os contos sem igual das terras do cacau
– terra mártir em sangue adubada –
essa terra que deu ao mundo a gente revoltada
de Lucas Arvoredo e Lampião!

Ah não deixes que pare a tua voz,
irmão Jorge Amado!
Fala, fala, fala, que o cais é o mesmo,
mesmas as estrelas, a lua,
e igual à gente da cidade de Jubiabá,
– onde à noite o mar tem mais magia,
enfeitiçado pelo corpo belo de Iemanjá –,
vê! igual à tua,
é esta gente que rodeia!
Senão, olha bem para nós,
olha bem!
Nos nossos olhos fundos verás a mesma ansiedade,
a mesma sede de justiça e a mesma dor,
o mesmo profundo amor
pela música, pela poesia, pela dança,
que rege nossos irmãos do morro...
Mesmas são as cadeias que nos prendem os pés e os braços,
mesma a miséria e a ignorância que nos impedem
de viver sem medo, dignamente, livremente...
E entre nós também há heróis ignorados
à espera de quem lhes cante a valentia
num popular ABC...

Portanto, nada receies, irmão Jorge Amado,
da terra longínqua do Brasil! Vê:
Nós te rodearemos
e te compreenderemos e amaremos

teus heróis brasileiros e odiaremos
os tiranos do povo mártir, os tiranos sem coração...
E te cantaremos também as nossas lendas,
e para ti cantaremos
nossas canções saudosas, sem alegria...

E no fim, da nossa farinha te daremos
e também da nossa aguardente,
e nosso tabaco passará de mão em mão
e, em silêncio, unidos, repousaremos,
pensativamente,
olhando as estrelas do céu de Verão
e a lua nossa irmã, enquanto os barcos balouçarem brandamente
no mar prateado de sonho...

Jorge Amado, nosso amigo, nosso irmão
da terra distante do Brasil!
Depois deste grito, não esperes mais, não!
Vem acender de novo no nosso coração
a luz já apagada da esperança!

22/5/1949

SOUSA, Noémia de. *Sangue negro*. São Paulo: Kapulana, 2017.

Poema de João

João era jovem como nós.

João tinha os olhos despertos,
os ouvidos bem abertos,
as mãos estendidas para frente,
a cabeça projetada para amanhã,
a boca a gritar "não" eternamente...
João era jovem como nós.

João amava a arte, a leitura,
amava a Poesia de Jorge Amado,
amava os livros que tinham alma e carne,
que respiravam vida, luta, suor, esperança...
João sonhara com Zambezes de livros derramando cultura
para a humanidade, para os jovens nossos irmãos,
João lutou para que todos tivessem livros...
João amava a leitura.
João era jovem como nós.

João era pai, era mãe e irmão das multidões.
João era sangue e suor das multidões
e sofria e era feliz com as multidões.
Sorria o mesmo sorriso cansado das raparigas saindo das lojas,
sofria com a passividade das mamanas do mudende,
gemia com os negros amarrados ao cais,
sentia o sol picando como piteiras aos meios dias dos pachiças,
arengava com os chinas nas bancas do bazar,
vendia com os monhés o verde desbotado das hortaliças,
chorava com Marian Anderson spirituals vindos de Harlém

bamboleava-se com as marimbas dos muchopes aos domingos,
gritava com os revoltados seu grito de sangue,
era feliz sob a carícia da lua branca como mandioca,
cantava com os xibalos suas canções saudosas de tudo,
e esperava com a mesma ansiedade de todos
pelas madrugadas deslumbrantes que têm uma boca
e cantam!
João era sangue e suor das multidões,
João era jovem como nós.

João e Moçambique confundiam-se.
João não seria João sem Moçambique.
João era como que um coqueiro, uma palmeira,
um pedaço de rocha, um lago Niassa, uma montanha,
um Incomáti, uma mata, uma maçaleira,
uma praia, um Maputo ou um Índico...
João era parte integrante e profunda de Moçambique.
João e Moçambique confundiam-se
e João era jovem como nós.
João queria viver, queria conquistar a vida,
E por isso odiava as jaulas, as gaiolas, as grades,
E odiava os homens que as fizeram.
Porque João era livre,
João era uma águia e nascera para voar.
Ah, João odiava as jaulas e os homens que as fizeram,
E João era jovem como nós.

E porque João era jovem como nós,
e tinha os olhos bem despertos,
e amava a Arte, a Poesia e Jorge Amado,
e era sangue e suor das multidões,
e se confundia com Moçambique,

e era uma águia que nascera para voar,
e odiava as jaulas e os homens que as fizeram,
e porque João era jovem e ardente como nós,
ah, por isso tudo, perdemos João.
Perdemos João!

Ah, por isso perdemos João,
Por isso gritamos noite e dia por João,
por João que nos roubaram.

E perguntamos:
Mas por que nos levaram João,
João que era jovem e ardente como nós,
João sedento de vida,
João que era irmão de todos nós?
Por que nos roubaram João
que falava de esperanças e madrugadas,
João que tinha olhar de abraço de irmão,
João de palavra forte e dura como uma lança,
João que tinha sempre alojamento para qualquer de nós,
João que era nossa mãe e nosso pai,
João que seria Cristo por nós,
João que nós amávamos e amamos,
João que é tão nosso?
Oh por que nos roubaram João?

E ninguém responde,
friamente ninguém responde.

Mas nós sabemos, do fundo de tudo,
porque nos levaram João...
João tão nosso irmão!

Mas que importa? Que importa?
Julgam que o roubaram, mas João está conosco,
está nos outros que virão,
está nos que já estão vindo,
Porque João não é só,
João é multidão,
João é sangue e suor de multidões,
E João, sendo João, também é Joaquim, José,
Abdula, Fang, é Mussumbuluco, é Mascarenhas
Omar, Yutang, Fabião...
João é multidão, sangue e suor de multidão...

E quem poderá levar José, Joaquim, Abdula,
Fang, Mussumbuluco, Mascarenhas, Omar, Fabião?
Quem?
Quem poderá levar-nos todos e fechar-nos todos numa jaula?

Ah, roubaram-nos João,
mas João somos nós todos,
por isso João não nos abandonou...

E João não "era", "é" e "será",
porque João somo nós, nós somos multidão,
e multidão,
 - quem pode levar multidão e fechá-la numa jaula?

Lourenço Marques, 20/9/1949

SOUSA, Noémia de. *Sangue negro*. São Paulo: Kapulana, 2017.

Samba

ao Ricardo, lembrança da noite de 19/11/49
(lembras-te?) que passámos no Brasil...

No oco salão de baile
cheio das luzes fictícias da civilização
dos risos amarelos
dos vestidos pintados
das carapinhas desfrisadas da civilização
o súbito bater de jazz
soou como um grito de libertação
como uma lança rasgando o papel de celofane das composturas forçadas.

Depois,
veio o som grave do violão
a juntar-lhe o quente latejar das noites
de mil ânsias de Mãe-África,
e veio o saxofone
e o piano
e as maracas matraqueando ritmos de batuque,
e todo o salão deixou a hipocrisia das composturas encomendadas
e vibrou.
Vibrou!

As luzes fictícias deixaram de existir.

E quem foi que disse que não era o luar dos xingombelas,
aquela luz suave e quente que se derramou no salão?
Quem disse que as palmeiras e os coqueiros,
os cajueiros,

os canhoeiros,
não vieram com suas silhuetas balouçantes
rodear o batuque?
Ah, na paisagem familiar,
os risos se tornaram brancos como mandioca
os requebros na dança traziam a febre primitiva
de batuques distantes,
e os vestidos brilhantes da civilização desapareceram
e os corpos surgiram vitoriosos,
sambando e chispando,
dançando, dançando...

Oh ritmos fraternos do samba,
trazendo o feitiço das macumbas,
o cavo bater das marimbas gemendo
lamentos despedaçados de escravo,
oh ritmos fraternos do samba quente da Baía!
Pegando fogo no sangue inflamável dos mulatos
fazendo gingar os quadris dengosos das mulheres,
entornando sortilégios e loucura
nas pernas bailarinas dos negros...

Ritmos fraternos do samba,
herança de África que os negros levaram
no ventre sem sol dos navios negreiros
e soltaram, carregados de algemas e saudade,
nas noites mornas do Cruzeiro do Sul!
Oh ritmos fraternos do samba,
acordando febres palustres no meu povo
embotado das doses do quinino europeu...
Ritmos africanos do samba da Baía,
com maracas matraqueando compassos febris

– Que é que a baiana tem, que é –
violões tecendo sortilégios xicuembos
e atabaques soando, secos, soando...

Oh ritmos fraternos do samba!
Acordando o meu povo adormecido à sombra dos embondeiros,
dizendo na sua linguagem encharcada de ritmos
que as correntes dos navios negreiros não morreram não,
só mudaram de nome,

mas ainda continuam,
continuam,
os ritmos fraternais do samba!

23/11/1949

SOUSA, Noémia de. *Sangue negro*. São Paulo: Kapulana, 2017.

LUÍS CARLOS PATRAQUIM
(Moçambique, 1953)

Drummondiana

ao Gulamo Khan

Já não elido, fiel amante da enunciação,
O mundo durando. Carrego a mina no peito
Se abrindo – nenhuma dor maior –
Entre casuarinas que acenam da infância.
Meus versos se despiram. A noite,
A inenarrável, a que espera sem iludida
Elisão rasgar este poema, sorri dos muros
Circum-navegando a casa. Como plantei muros!
Como sou, sem pagamento, talvez um quark
Ou comburente de enzimas com alguma estória.
Proteicas ideias se metamorfoseiam
E a palavra escande e soçobra no silêncio.
José, Jacob, Macuácua, fazem um nome.
Porém me perco. Não trago escada
E nenhum anjo é maior do que o meu amor.
Ela estremece. Em seu rosto acrescento
A dissonante, vaga luz do lume, informulada
Poesia. Só ainda a funda música se estrutura,
Pura, líquida substância desde as veias,
Esgueirando-se de sílabas, verbos, lívidas vogais.
Aqui, sem marketing para viagens lunares,
Componho esta planície infensa aos escrúpulos
Da morte. Uma árvore cortada apodrece!
Os sexos são só sexos não futuráveis
Mas como explodem os corpos, em sôfregos,
Misteriosos abraços de máscaras e caniço.
Como de granito pesam as barrigas dos meninos!
Escrevo, não obstante, um país solar,

Rouca a língua que soluça em sintagmas antigos.
Verde foi o pinho das gáveas com ferros
Para as Américas. A memória é isto.
Mas já não elido. Também tenho um quarto,
Nenhum S. Benedito. Algumas esporas me ferem
Animal e cavaleiro. Do mundo a máquina chegará
Com a máquina – este avião de trigo, sujeito
E objecto sem interrogações. Só ainda o mar
Espreita o meu desejo ondulante na areia.
A tua flor anuncio, orquestração, maravilha.
Com o meu sêmen, o frágil milagre.

PATRAQUIM, Luís Carlos. *O osso côncavo e outros poemas*. São Paulo: Escrituras Editora, 2008.

∿·∿·∿

Metamorfose

Ao Poeta José Craveirinha

quando o medo puxava lustro à cidade
eu era pequeno
vê lá que nem casaco tinha
nem sentimento do mundo grave
ou lido Carlos Drummond de Andrade

os jacarandás explodiam na alegria secreta de serem vagens
e flores vermelhas
e nem lustro de cera havia
para que o soubesse

na madeira da infância
sobre a casa

a Mãe não era ainda mulher
e depois ficou Mãe
e a mulher é que é a vagem e a terra
então percebi a cor
e metáfora
mas agora morto Adamastor
tu viste-lhe o escorbuto e cantaste a madrugada
das mambas cuspideiras nos trilhos do mato
falemos dos casacos e do medo
tamborilando o som e a fala sobre as planícies verdes
e as espigas de bronze
as rótulas já não tremulam não e a sete de Março
chama-se Junho desde um dia de há muito com meia dúzia
de satanhocos moçambicanos todos poetas gizando
a natureza e o chão no parnaso das balas

falemos da madrugada e ao entardecer
porque a monção chegou
e o último insone povoa a noite de pensamentos grávidos
num silêncio de rãs a tisana do desejo

enquanto os tocadores de viola
com que latas de rícino e amendoim
percutem outros tendões da memória
e concreta
a música é o brinquedo
a roda
e o sonho
das crianças que olham os casacos e riem

na despudorada inocência deste clarão matinal
que tu
clandestinamente plantaste
AOS GRITOS

PATRAQUIM, Luís Carlos. *O osso côncavo e outros poemas*. São Paulo: Escrituras Editora, 2008.

NELSON SAÚTE
(Moçambique, 1967)

A viagem profana

As vacas sagradas atravessam ainda
a solidão da minha profana viagem
numa rua de Nova Deli.

Estive nalguma Ásia, galguei a Índia.
Sentia-a nos temperos do Xipamanine
e nos filmes da infância
no Clube Ferroviário de Nacala.

Percorri algumas metrópoles, algumas cidades
que permanecem nos mapas. Vivi algures em Lisboa.
Cheguei a Madrid numa madrugada sobressaltada
com os fantasmas de Andaluzia e a memória do poeta
Lorca às cinco da tarde numa arena de Sevilha
chorando Ignacio Sanchez Mejias.
Andei pela Espanha, amei Barcelona, estive no País Basco
onde descobri o nome do meu filho Irati.

Em Londres acoitou-me o poeta Rui Knopfli
agora morto e sem saudades do futuro.
A Trafalgar Square recorda-me
a overdose com os pintores da National Galery
a fulminante alegria da Noémia de Sousa
apontando-me a estátua do Almirante Nelson
e depois o longo passeio no Hyde Park Corner.
Havia um amor oculto na demanda britânica
uma viagem a Manchester no comboio que me lembrava
a revolução industrial e os compêndios de História
que lera na juventude.

A Europa e as suas estátuas e a metropolitana
pressa de todos os dias. Poderiam compor
o refúgio de quem não tem pressa de viver
mas urgência de amar.

Sonâmbulo cheguei a Paris
e fui ver o Sena transbordando no meu sono.
Vejo-me percorrendo a minha solidão
pelos Campos Elíseos
de mãos dadas contigo.
Também poderia ser um destino para quem ama.

Ou Nova Iorque na bruma de uma tarde
de comboio entre a Nova Inglaterra e Washington.
Os filmes da minha vida na realidade bastante real
das ruas e avenidas de Manhattan.
Ou ainda a música de Miles Davis
numa manhã na Greenwhich Village.
Romagem até ao espaço das silenciadas Twin Towers.
A chuva noturna e inesperada na Broadway
enquanto te procurava entre os sonhos
da minha América.

Também podia ser um destino.
Mas o nosso amor está inscrito
nas estrelas do Rio de Janeiro.
A cidade está na voz dos cantores
nas letras dos compositores
nos versos dos poetas
e no espanto dos profetas.

Na cidade de Tom Jobim
principei pela floresta da Tijuca
com um banho numa fonte mística.
Depois percorri Leblon, Ipanema, Copacabana.
A Lagoa e a paisagem que não sei dizer.
Deus fez o Rio e a paisagem à volta
e as mulheres e homens, mais do que os poetas,
fizeram amor sobre as escarpas e sob o sol:
música e sal, esplendor e sorte.

Andei por outros Brasis, estive em São Salvador da Bahia
Perguntei às negras macumbeiras a minha sorte.

Regresso agora da nossa cidade
e encontro-te em Maputo.
Amo-te – como dizer-te?
Amo-te na ausência e no silêncio.
Amo-te nos olhares breves e nas suas promessas.
Amo-te nos versos que te escrevo
Nos sonhos que te sonho.
Amo-te nos versos que te escrevo
nos sonhos que te sonho.
Amo o teu sorriso oculto quando falamos.
Digo-te: és bela, estás bela.
Os anos acentuam a tua beleza.

Que pode ser a nossa viagem?
Olhar-te nos olhos sem temer o alheio
falar os meus segredos no teu colo
enquanto acaricias os meus dedos trêmulos.
Sussurrar-te os poemas que eu decorei na adolescência.

Reescrever-te os versos que autografava
aos quinze anos para as colegas de turma.
Dar-te a mão e levar-te a ver a lua
abraçando o Corcovado
no incessante verão do Rio.

Amar-te devagar e sem pressa. Amar-te.
Fazer do meu peito o teu ninho.
Embalar-te no silêncio impossível dos meus sonhos.
Bailar na areia branca de Copacabana pela madrugada.
Prometer-te o mundo e o destino dos meus duendes
da infância agora recuperada.
Cantar-te a canção que sonhaste.
Ser o teu poeta e acrescentar em ti o amor
que a cada dia descubro e com ele
festejar os meus dias, os teus dias, os nossos dias.

SAÚTE, Nelson. *A viagem profana*. Maputo: Marimbique, 2003.

CABO VERDE

VERA DUARTE
(Cabo Verde, 1952)

Os meninos

a Jorge Barbosa

Sobre estas praias cheirando a maresia e a peixe podre brincam os meninos da pobreza, do abandono e do desespero. De ranho no nariz, pés descalços e calções rotos eles passeiam seus corpos esqueléticos, alimentados a restos e gestos de solidariedade humana.

E quando o sol aquecer com inclemência a areia da praia, eles deixar-se-ão cair inanimados e inertes à sombra generosa dos botes até que um sopro de brisa ou o desconforto da fome os conduza a novas vadiagens.

À noite ao relento adormecerão sob o barulho cadenciado das ondas, sonharão com terras distantes, glórias inexistentes e banquetes fabulosos até que o romper do sol e a fome crônica os arranque do sossego cúmplice dos botes para mais um dia de desesperanças.

Queria então estar ao lado deles e sem qualquer palavra, passar-lhes a Estrela da Manhã.

DUARTE, Vera. *O arquipélago da paixão*. Mindelo: ARTILETRA, 2001.

Termos relacionados ao universo africano da diáspora

Substantivos e termos comuns

bessangana: senhora africana que se veste de forma tradicional.

candengue: criança.

candongueiro: veículo privado usado para transporte coletivo de passageiros.

canhoeiro: árvore de tamanho mediano, também chamada marula.

caniço: cana utilizada na construção de casas tradicionais (palhotas) em Moçambique.

casuarina: árvore bastante comum em regiões tropicais e subtropicais.

catete: pássaro típico da região de Icolo e Bengo (Angola).

catuituí: nome de um pássaro muito comum em Angola, chamado em português de peito-celeste.

cubico: casa muito pequena; quarto.

dipanda: independência (Angola).

embondeiro: árvore africana de grande porte; baobá.

funge: prato típico angolano, com base numa pasta feita da fubá (farinha) de bombó (mandioca).

kwata-kwata: agarra-agarra, tipo de guerra de emboscada, movida por agentes de captura de escravos.

magoga: sanduíche com coxa de frango frito, vendido na rua.

mamba: serpente africana conhecida por seu veneno altamente poderoso.

marimba: instrumento musical semelhante ao xilofone.

monção: designação dada aos ventos sazonais, em geral associados à alternância entre a estação das chuvas e a estação seca.

monhé: indiano ou moçambicano de origem indiana.

muchope: povo bantu do sul de Moçambique.

mudende: Mudende, nome de uma região de Ruanda.

ngoma: tambor.

pachiça: trabalhador braçal (Moçambique).

pretoguês: forma pejorativa com que os colonizadores portugueses denominavam a linguagem híbrida falada pelos africanos.

puíta: tambor.

satanhoco: injúria correspondente a sacana (Moçambique).

soba: chefe tradicional africano.

xibalo: trabalhador braçal (Moçambique).

xicuembo: espírito sobrenatural; espírito de curandeiro que pode ser incorporado por pessoas vivas (Moçambique).

xingombela: nome de uma dança tradicional moçambicana praticada em pequenas aldeias, normalmente no fim do dia.

zagaia (ou azagaia): árvore nativa do sul da África; por extensão, flechas confeccionadas com sua madeira.

zungar: exercer o ofício de zungueiro, ou seja, de vendedor ambulante.

Nomes de pessoas e lugares

Abraham Lincoln: presidente estadunidense que, em 1863, emitiu a Proclamação da Emancipação, que declarava livres os escravos do país.

Alhais: pequena localidade situada em Portugal.

António Balduíno: personagem do romance *Jubiabá*, de Jorge Amado, publicado em 1935.

Benguela: nome de uma província angolana e de sua capital.

Cadornega: António de Oliveira Cadornega (1623-1690) foi um militar português radicado em Angola, autor da importante História Geral das Guerras Angolanas.

Carlos de Oliveira: escritor neorrealista português (1921-1981).

Castro Alves: poeta romântico brasileiro, autor do poema épico "Navio negreiro".

Congo: antigo reino africano que se situava no noroeste do continente.

Diogo Cão: navegador português do século XV.

Estrela da manhã: título de um poema do escritor brasileiro Manuel Bandeira, que também dá nome ao livro em que foi publicado em 1936.

Harlem: bairro da cidade de Nova Iorque, conhecido por ser um centro cultural e comercial dos africanos e seus descendentes.

Iemanjá: orixá feminino das religiões Candomblé e Umbanda; padroeira dos pescadores, seu nome, de origem iorubá, significa "mãe cujos filhos são como peixes".

Ignacio Sanchez Mejias: toureiro e escritor espanhol (1891-1934).

Incomáti: rio que nasce na África do Sul e deságua no norte da baía de Maputo, em Moçambique.

João d'Aboim: João Correia Manuel Aboim, poeta e jornalista português que provavelmente conheceu José da Silva Maia Ferreira no Rio de Janeiro.

Joaquim Luís Bastos: foi governador de Benguela (Angola) em meados do século XIX.

Jorge Barbosa: poeta e contista caboverdiano (1902-1971).

Jubiabá: título de romance de Jorge Amado publicado em 1935.

Koisan: denominação unificadora de dois grupos étnicos muito antigos originários do sudoeste da África.

Lampião: Virgulino Ferreira da Silva (1898-1938), sertanejo que foi o mais importante líder cangaceiro da história.

Lopo Soares de Lasso: militar, expedicionário e administrador colonial português que atuou em Angola no século XVII, citado por Cadornega em sua História Geral das Guerras Angolanas.

Lucas Arvoredo: Hortênsio Gomes da Costa, célebre cangaceiro que foi morto em 1934.

Luís Prestes: Luís Carlos Prestes (1898-1990), militar e político comunista brasileiro, responsável pela organização do movimento de resistência conhecido como Coluna Prestes.

Lumumba: Patrice Lumumba (1925-1961), principal liderança política contra a colonização belga no Congo. Eleito primeiro ministro em 1960, foi assassinado no ano seguinte.

Maria Lamas: Maria da Conceição Vassalo e Silva da Cunha Lamas (1893-1983) foi escritora, jornalista e ativista portuguesa.

Marian Anderson (ou Mary Andreson): cantora lírica negra norte-americana (1897-1993), engajada na luta antirracista.

Martin Luther King: pastor protestante e militante negro estadunidense (1929-1968), autor do célebre discurso "Eu tenho um sonho".

Miles Davis: Miles Dewey Davis Jr. (1926-1991), músico de jazz norte-americano.

Nacala: cidade portuária situada na província de Nampula, em Moçambique.

Ndongo: nome de um antigo reino africano situado no atual território angolano, também conhecido como reino de Ngola.

Nelson Mandela: líder político sul-africano (1918-2013), foi o maior oposicionista do regime segregacionista em seu país; depois de ficar preso por durante 27 anos, foi presidente da África do Sul de 1994 a 1999.

raduan: Raduan Nassar (1935-), escritor brasileiro.

Rui Knopfli: poeta moçambicano (1932-1997).

Trafalgar Square: praça situada no centro de Londres.

Uangara: região entre o Alto Níger e o rio Senegal, tradicionalmente grande produtora de ouro.

Xipamanine: bairro periférico da cidade de Maputo, em Moçambique. O termo também nomeia um tradicional mercado popular local.

Zambeze: extenso rio que nasce na Zâmbia, atravessa Moçambique e deságua no Oceano Índico.

Zumbi dos Palmares: último líder do Quilombo dos Palmares, viveu entre 1655 e 1695; foi um dos pioneiros da resistência contra a escravidão no Brasil.

Outros poemas africanos que fazem referência ao Brasil e/ou à cultura brasileira

Os poemas mencionados a seguir também dialogam com o Brasil e/ou com a literatura brasileira. Eles foram organizados em ordem alfabética, considerando o primeiro nome de seus autores.

A
Agostinho Neto (Angola):
   "Aspiração"
Anny Pereira (Angola):
   "Identidade"
Antero Abreu (Angola):
   "A alienação e as horas"
António Jacinto (Angola):
   "Castigo pro comboio malandro"
António Nunes (Cabo Verde):
   "Terra"
Arménio Vieira (Cabo Verde):
   "Toti Cadabra (Vida e morte severina)"
   "Antipoema"

C
Costa Andrade (Angola):
   "Poema oitavo de um canto de acusação"
   "Cela comum"

E
Ernesto Lara Filho (Angola):
   "Sinceridade"

F
Fonseca Amaral (Moçambique):
    "Evocação"
Francisco José Tenreiro (São Tomé e Príncipe):
    "Epopeia"
    "Coração em África"
    "Negro de todo o mundo"

G
Gabriel Mariano (Cabo Verde):
    "Carta de longe"
Geraldo Bessa Victor (Angola):
    "Soneto ao mar africano"
    "Eis-me navegador"
Guilherme Rocheteau (Cabo Verde):
    "Presença de Gilberto Freyre"

H
Humberto da Sylvan (Angola):
    "Xico Bilha"

J
João Maimona (Angola):
    "Poema para Carlos Drummond de Andrade"
Jofre Rocha (Angola):
    "Paisagem do Nordeste"
    "Cântico de alforria"
Jorge Barbosa (Cabo Verde)
    "Carta para Manuel Bandeira"
    "Você, Brasil"
    "Carta para o Brasil"
José Craveirinha (Moçambique):
    "Olá, Maria"

L
Leite de Vasconcelos (Moçambique):
    "Telegrama para Manuel Bandeira"

M
Mário António (Angola):
    "Canto de farra"
Maurício Gomes (Angola):
    "Exortação"
    "Estrela pequenina"

O
Osvaldo Alcântara (Baltasar Lopes) (Cabo Verde):
    "A serenata"
    "Itinerário de Pasárgada"
    "Poema a Jorge Amado"
Ovídio Martins (Cabo Verde) "Anti-evasão"

P
Paula Tavares (Angola):
    "Os nossos bois mansos"
    "Adélia segura a minha mão"

R
Rui Knopfli (Moçambique):
    "Contrição"
    "Terra de Manuel Bandeira"

T
Tomás Jorge (Angola):
    "Colonização"
Tomás Vieira da Cruz (Angola):
    "Quissange - saudade negra"

V
Virgílio de Lemos (Moçambique):
    "Native song n.1"
    "Ode a Cecília Meireles"
    "Ode ao Manuel Bandeira"
Virgílio Pires (Cabo Verde):
    "Reminiscência"
Viriato da Cruz (Angola):
    "Mamã Negra (Canto de esperança)"

O BRASIL E A POESIA AFRICANA DE LÍNGUA PORTUGUESA: PERSPECTIVAS DE LEITURA

Anita M. R. de Moraes
Vima L. R. Martin

O interesse pelas literaturas africanas no Brasil tem sido crescente neste século XXI. Nas universidades e escolas, a pesquisa e o ensino se incrementaram. O meio editorial abriu-se para a publicação de obras africanas e a imprensa tem dado destaque aos autores do continente. Tais fatos certamente estão relacionados com a sanção da Lei 10.639, de janeiro de 2003, responsável por garantir o estudo de história e culturas africanas e afro-brasileira em nossas instituições de ensino. Especialmente nas áreas de artes, letras e história, observa-se, assim, a necessária abordagem de aspectos históricos e culturais dos diversos povos que participaram da formação de nosso país.

Tendo em vista esse cenário, e a partir de nossa área de atuação, preparamos este livro buscando contribuir para o acesso do público brasileiro à produção poética dos países africanos de língua oficial portuguesa. Trata-se do resultado de uma pesquisa desenvolvida desde 2009 que, felizmente, encontra agora espaço para maior divulgação. Para sua realização, agradecemos o apoio das pesquisadoras Simone Caputo Gomes e Tania Macêdo e dos poetas e familiares que gentilmente cederam os direitos autorais dos poemas selecionados.

O ponto de partida do trabalho é o reconhecimento das trocas culturais associadas ao processo de colonização, responsável por aproximar América e África. No campo dos estudos literários, as marcas da presença brasileira na formação das literaturas produzidas nos países africanos colonizados por Portugal foram identificadas já nos anos de 1980, em artigos pioneiros de Maria Aparecida Santilli que apontam para a criação de um patrimônio cultural forjado a partir de um intenso diálogo estabelecido entre brasileiros e africanos.

Esta antologia traz a público poemas que, de alguma maneira, fazem referência ao Brasil ou à cultura brasileira. Desse modo, o conjunto de textos aqui reunidos, organizados por país de origem, permite que sejam conhecidas diferentes dimensões de um diálogo intercultural, favorecendo a visibilidade de algo do Brasil que se fez e se faz presente na África. Ao longo de nossa pesquisa, voltamo-nos para antologias consagradas (como *No reino de Caliban*, de Manuel Ferreira), antologias recentes (como *Poesia africana de língua portuguesa*, organizada por Lívia Apa, Arlindo Barbeitos e Maria Alexandre Dáskalos, e *Antologia da nova poesia angolana*, organizada por Francisco Soares) e livros de autoria individual (no caso de poetas que consideramos manter uma relação de intensa proximidade com o Brasil). Apesar de termos consultado fontes diversificadas, temos consciência de que nosso estudo pode – e deve – ser ampliado, uma vez que não esgotamos as fontes e que o diálogo com o Brasil ainda se mantém vigoroso nos países africanos de língua oficial portuguesa.

Este livro conta com um glossário, contendo tanto termos relacionados ao universo africano e da diáspora africana, como também nomes próprios citados nos poemas. Ao final do volume, uma lista de poemas veicula os resultados mais gerais de nosso estudo, configurando um mapeamento, ainda que parcial, da presença do Brasil na poesia africana de língua portuguesa.

***

Ao longo dos cinco últimos séculos, os laços históricos que aproximaram o Brasil e a África foram, como se sabe, muito fortes. Desde o século XVI, a formação social brasileira foi determinada por relações coloniais e escravistas, que se materializaram a partir da circulação de um grande contingente de pessoas através do Atlântico. Como esclarece Alberto da Costa e Silva,

> Há toda uma história do Atlântico. Uma história de disputas comerciais e políticas, de desenvolvimento da navegação e de migrações consentidas e forçadas. Mas há também uma longa e importante história que se vai tornando, aos poucos, menos discreta. A dos africanos libertos e seus filhos, a dos mulatos, cafuzos e brancos que foram ter ao continente africano, retornaram ao Brasil, voltaram à África ou se gastaram a flutuar entre as duas praias. (COSTA e SILVA, 2003, p. 236)

O trânsito intenso estabelecido entre as duas margens do Atlântico favoreceu a constituição de ideias e ideais e a construção de um forte imaginário ancorado em experiências concretas. Alguns dos poemas levantados em nosso mapeamento focalizam justamente o legado brutal, em terras africanas e americanas, das *migrações forçadas* – o tráfico de pessoas sequestradas para serem escravizadas. Trata-se, então, de lidar com a memória do horror, com o trauma da escravidão. Em poemas como "Epopeia", do santomense Francisco José Tenreiro, escrito nos anos de 1950, por exemplo, o Brasil é sobretudo o trágico destino dos escravizados.

Já no soneto oitocentista que integra esta antologia, intitulado "O sonho dantesco", do também santomense Caetano da Costa Alegre, é numa situação amena de leitura que emerge, incompreensível, o evento da escravidão: trata-se da leitura, feita por uma jovem, de "O navio negreiro", de Castro Alves.

Observamos, assim, dois aspectos do relacionamento da poesia africana de língua portuguesa com o nosso país: 1) temos visibilizada uma história colonial comum, marcada pela escravidão e pelo sofrimento dela decorrente; 2) e encontramos um diálogo literário efetivado por autores que frequentemente encontraram em nossa realidade cultural fonte de inspiração.

Parte da poesia do angolano José da Silva Maia Ferreira marca-se por tais relações literárias. Maia Ferreira estudou no Brasil de 1834 a 1844 e aqui entrou em contato com nossos textos românticos, muitos deles reivindicativos de uma identidade nacional. De volta a Angola, publica em 1849 *Espontaneidades da minha alma: às senhoras africanas*. Dessa obra, pelo menos dois poemas apresentam relações intertextuais com um texto de Gonçalves Dias, o notório "Canção do exílio" (1843), que ficou célebre na tradição literária brasileira. Trata-se de "À minha terra" e "A minha terra", que apresentam, além do tema da valorização da terra natal, a métrica e o vocabulário muito próximos do poema de Gonçalves Dias. Vejamos algumas passagens de "À minha terra", que integra esta antologia:

> De leite o mar – lá desponta
> Entre as vagas sussurrando
> A terra em que cismando

Vejo ao longe branquejar!
É baça e proeminente,
Tem da África o sol ardente,
Que sobre a areia fervente
Vem-me a mente acalentar.

(...)

Bem-vinda sejas ó terra,
Minha terra primorosa,
Despe as galas – que vaidosa
Ante mim queres mostrar:
Mesmo simples teus fulgores,
Os teus montes têm primores,
Que às vezes falam de amores
A quem os sabe adorar!

(...)

Como se vê, o poeta caracteriza a sua terra natal com um entusiasmo relativo, admitindo a simplicidade de seus "fulgores". Entretanto, já se nota no texto um sentimento nativista, de identificação com o espaço angolano. Nas palavras de Tania Macêdo:

> (...) a leitura de "Canção do exílio" realizada pelo autor angolano, que se pode depreender, focalizará sobretudo o "cá", da terra angolana, deixando na penumbra o "lá", de onde ele chega [Brasil]. Sob esse particular, o poeta afirma a "singeleza" de sua terra, mas faz questão de apontar que ela tem primores "a quem os sabe adorar", indicando uma explicitação de sua "pertença", o que indica a presença de um nativismo nascente. (MACÊDO, 2002, p. 43)

Também no longo poema "A minha terra", igualmente presente nesta antologia, a ambiguidade se instala, estando o poeta mais uma vez entre a valorização emocionada de sua terra natal e a avaliação de que se trata de um espaço sem os encantos das terras portuguesas e brasileiras e carente de seus grandes vates. Vemos, inclusive, que o sentimento de participação no "mundo português" é forte, cantando-se e louvando-se a valentia dos heróis do império. É interessante perceber que, ao lado de Portugal, o Brasil avulta como um espaço privilegiado, capaz também de causar inveja ao poeta. Trata-se de uma referência explícita ao Brasil independente, de estatuto elevado, confirmando a admiração pelo território já naquela altura liberto do domínio político português.

Décadas mais tarde, já em meados do século XX, chama a atenção a força com que a produção literária brasileira funcionou como uma espécie de estímulo para a produção literária das então colônias portuguesas, constituindo-se como uma referência cultural alternativa às imposições metropolitanas. É certo que a nossa literatura não foi a única a marcar as produções do período. Ecos da poesia escrita pelo norte-americano Langston Hughes, pelo haitiano Jacques Roumain e pelo cubano Nicolás Guillén, por exemplo, estão presentes nos poemas africanos, cujos autores intentavam romper com o cânone oficial. Numa atmosfera intelectual marcada pela *Négritude*, difundida sobretudo por Aimé Césaire e Senghor, um número importante de escritores africanos de língua portuguesa buscavam – também eles – consolidar uma noção de identidade negra.

Entretanto, ainda que essas referências sejam determinantes, é fato que as experiências e realizações do primeiro modernismo brasileiro e a literatura produzida na década de 1930 deixaram marcas profundas na formação das modernas literaturas africanas de língua portuguesa. Nos espaços então colonizados, a busca pela autonomia literária se deu paralelamente à organização e à luta pela autonomia política. Daí a relevância das propostas do nosso modernismo e da chamada literatura "regionalista", com sua forte opção pelos excluídos, como modelos inspiradores das transformações que se buscavam no momento da afirmação das identidades nacionais.

A revista angolana *Mensagem* (1951), cujo lema era "Vamos descobrir Angola!", a pioneira revista *Claridade* (1936), em Cabo Verde, e a revista *Msaho* (1952), em Moçambique, foram espaços de expressão de movimentos literários que, como já havia ocorrido no Brasil, reclamavam uma cultura "autêntica", enfatizando as realidades locais e as aspirações de liberdade popular. Sobre a forte presença das letras brasileiras em Angola, declara o crítico angolano Costa Andrade em 1963:

> Entre a nossa literatura e a vossa, amigos brasileiros, os elos são muito fortes. Experiências semelhantes e influências simultâneas se verificaram. É fácil, ao observador corrente, encontrar Jorge Amado e os seus capitães de areia nos nossos melhores escritores. Drummond de Andrade, Graciliano, Jorge de Lima, Cruz e Sousa, Mário de Andrade e Solano Trindade, Guimarães Rosa, têm uma presença grata e amiga, uma presença de mestres das novas gerações de escritores angolanos. E por isso mesmo, pelo impacto que têm junto do nosso povo, são vetados pelos colonialistas. Eles estão presentes, porém, nas preocupações literárias dos que lutam pela liberdade. (ANDRADE, 1980, p. 26)

Para termos uma dimensão mais exata desse interesse, que toma a forma de um encantamento cultivado por parcela significativa de intelectuais e escritores dos países africanos, evoquemos as enfáticas palavras de outro angolano, Ernesto Lara Filho, presentes em crônica publicada no periódico *Notícia* (entre 1960 e 1962):

> Rubem Braga, o "sabiá" da crônica do Brasil, anda nos nossos recortes literários. Henrique Pongetti é lido por nós, também, Raquel de Queiroz e Nelson Rodrigues, esses tratamo-los por tu. São-nos familiares. Todo o angolano, do Dirico a Cabinda, do Luso ao Lobito, lê o "Cruzeiro", ri com as piadas de Millôr Fernandes e chora com as reportagens de David Nasser sobre Aida Curi.
>
> Esses são afinal os nossos ídolos. Se pudéssemos votar, muitos de nós, angolanos de nascença, havíamos de ir às urnas depor o nosso voto nas próximas eleições brasileiras, pelo espetacular Jânio Quadros, o Jânio da "Vassoura". Sabemos quem é Leandro Maciel, Carlos Lacerda, Pascoal Carlos Magno. Sabemos de cor frases como esta: "O petróleo é nosso". (LARA FILHO, 1990, p. 58)

Em um texto bem mais recente, intitulado "O sertão brasileiro na savana moçambicana" (2005), Mia Couto também reconhece a importância capital do Brasil na formação da literatura moçambicana. Aliás, logo no início de sua reflexão, o escritor narra, de maneira idealizada, numa chave romântica, aquele que teria sido o momento inaugural da poesia em seu país: a união da moçambicana Juliana e do poeta brasileiro desterrado Tomás Antônio Gonzaga e os inúmeros serões ocorridos em sua casa, na Ilha de Moçambique, espaço onde teria florescido o primeiro núcleo de poetas e escritores da então colônia. Depois de evocar esse casamento, espécie de "presságio" de um "entrosamento maior", continua Mia Couto:

> O nascimento da poesia moçambicana está marcado por um encontro que seria bem mais do que um casamento entre duas pessoas. Havia ali uma espécie de presságio daquilo que seria um entrosamento maior que iria prevalecer.
>
> Mais de um século depois, nascia em Moçambique uma corrente de intelectuais ocupados em procurar a moçambicanidade. Já era, então, clara a necessidade de ruptura com Portugal e os modelos europeus. Escritores como Rui de Noronha, Noémia de Souza, Orlando Mendes, Rui Nogar, ensaiavam uma escrita que fosse mais ligada à terra e à gente moçambicana.
>
> Necessitava-se de uma literatura que ajudasse a descoberta e a revelação da terra. Uma vez mais, a poesia brasileira veio em socorro dos moçambicanos (...) os moçambicanos descobriram nesses escritores e poetas a possibilidade de escrever de um outro modo, mais próximo do sotaque da terra, sem cair na tentação do exotismo. (COUTO, 2005, p. 103)

No que diz respeito às relações entre as literaturas do Brasil e de Cabo Verde, é necessário sublinhar o papel decisivo exercido pela literatura social de 1930 na produção de escritores como Baltazar Lopes e Manuel Lopes, ambos vinculados à já referida revista *Claridade*. A similaridade climática entre o nordeste brasileiro e as ilhas de Cabo Verde favoreceu ainda mais as ressonâncias dos romances regionalistas em textos, de prosa e poesia, que buscavam afirmar a "cabo-verdianidade". As palavras do poeta Gabriel Mariano, recolhidas por Michel Laban, atestam essa relação:

> (...) Foi um alumbramento porque eu lia um Jorge Amado e estava a ver Cabo Verde. De Jorge Amado, o *Quincas Berro d'Água*, quando eu o li pela primeira vez, a personagem, as características psicológicas da personagem, a reação das pessoas, quando souberam da morte de Quincas Berro d'Água, eu li isso tudo e eu estava a ver a Ilha de São Vicente, Cabo Verde... Estava a ver a Rua de Passá Sabe... (In: LABAN, 1992, p. 331)

Também é bastante significativa a leitura que os autores cabo-verdianos fizeram da poesia de Manuel Bandeira, Jorge de Lima e Ribeiro Couto. Desse conjunto de poetas, Manuel Bandeira se destaca como um interlocutor privilegiado, fazendo-se presente em vários poemas, e não apenas de autores de Cabo Verde. Sua dicção pretensamente simples, a intensa valorização da oralidade e o lirismo de seus poemas certamente seduziram os poetas africanos que lhe dedicaram versos e estabeleceram pontes com a sua poesia.

Exemplar dessas relações é a intertextualidade verificada no conjunto de poemas escritos em diálogo explícito com "Vou-me embora pra Pasárgada" (1930). Como observamos a partir de nosso mapeamento, na série "Itinerário de Pasárgada", que consta de cinco poemas escritos em 1946 pelo cabo-verdiano Osvaldo Alcântara (pseudônimo de Baltazar Lopes para sua produção poética), o tom oscila do nostálgico ao contestatório, mas afinal o poeta afirma – como no poema brasileiro – a utopia de um futuro desejado. Mais tarde, outro poeta, Ovídio Martins, retomará o tema em seu poema "Anti-evasão" (1974), dessa vez rejeitando a "viagem para Pasárgada" e afirmando a necessidade de permanecer em Cabo Verde para construir um futuro qualitativamente diferente para o país. Na presente antologia, a referência a Manuel Bandeira surge em outro poema cabo-verdiano, bem mais recente, atestando a continuidade desse diálogo intertextual: trata-se de "Os meninos", da escritora Vera Duarte. Nesse poema em prosa, a interlocução com a poesia de Manuel Bandeira dá-se pela menção, não de sua utópica Pasárgada, mas da sua também muito conhecida "Estrela da Manhã", igualmente signo de inconformidade.

Podemos notar que a produção africana de língua portuguesa aponta para a permanência da ligação estabelecida entre africanos e brasileiros. De fato, referências a escritores, livros e espaços geográficos e ficcionais do Brasil ainda estão presentes em produções contemporâneas de diferentes autores de ficção e poesia. Em publicações das últimas décadas, além de Manuel Bandeira, escritores como Carlos Drummond de Andrade, João Cabral de Melo Neto, Cecília Meireles, Manoel de Barros, Raduan Nassar e Adélia Prado têm acolhida marcante. Por exemplo, nos poemas "Drummondiana" e "Metamorfose", publicados nesta antologia, o poeta moçambicano Luís Carlos Patraquim trava diálogo explícito com a poesia de Carlos Drummond de Andrade. No primeiro, o título é convite para que se persigam sutis alusões a poemas como "A máquina do mundo" e "A flor e a náusea"; já no impressivo "Metamorfose", a leitura de Drummond é referida como marco temporal, desdobrando-se a relação intertextual com a alusão ao famoso poema "O sentimento do mundo". Por fim, em "Poesia verde", do poeta angolano José Luís Mendonça, também presente nesta antologia, é pela referência ao conhecido verso "no meio do caminho tinha uma pedra" que a intertextualidade com Carlos Drummond de Andrade se estabelece.

Um dos poemas do angolano Ondjaki presente neste livro intitula-se "Chão" e apresenta uma dedicatória que merece destaque: "palavras para manoel de barros". O nome do poeta brasileiro está grafado em letra minúscula, assim como todas as palavras que compõem o poema. O efeito dessa escolha parece ser o de desautomatizar o uso da língua portuguesa, efeito reforçado pelos neologismos, pelas inversões sintáticas e pelo uso não convencional da pontuação. De viés filosófico, o poema se vale de imagens lúdicas e desconcertantes para expressar o desejo de autoconhecimento, em busca de uma identidade primordial. Trata-se de empreender um inusitado processo de retorno ao reino mineral (areia, barro, chão), numa metamorfose voltada sempre para dentro e para baixo, como se essa involução à terra fosse capaz de revelar uma verdade essencial. Ao "chãonhe-ser-se", amalgamando-se ao mundo natural, o poeta simultaneamente se mineraliza e se humaniza, num gesto forte e delicado que parece abdicar da artificialidade que, de certo modo, pauta o mundo social. Como se vê, a relação do poema angolano com a poética de Manoel de Barros ultrapassa a singela dedicatória e manifesta-se no próprio fazer poético que atualiza as linhas de força do projeto literário do escritor cuiabano.

Referências à música brasileira também são recorrentes na poesia africana de língua portuguesa. Lembremos do poema "Samba", datado de 1949, em que a poetisa moçambicana Noémia de Sousa toma esse gênero musical como atestado da presença cultural africana no Brasil, aludindo a um ritmo de histórias entrelaçadas e lutas partilhadas. Referências mais recentes a Tom Jobim, Caetano Veloso,

Paulinho da Viola, Roberto Carlos e Milton Nascimento evidenciam a continuidade do interesse pela música brasileira em terras africanas. Destaca-se, nesse sentido, o poema "Setenta e seis", aqui publicado, do poeta e letrista angolano Carlos Ferreira, em que a familiaridade com "a canção de roberto" é sugerida (numa alusão certa ao cantor Roberto Carlos e ao famoso verso da canção "*Baby*", de Caetano Veloso).

O poema "Canção para Milton Nascimento", do angolano João Melo, é outro exemplo do diálogo da poesia africana com a nossa música. Nos primeiros versos, marcados por assonâncias e aliterações, o poeta evoca as origens africanas do compositor e cantor da nossa Música Popular Brasileira, que se notabilizou por abordar temas como liberdade e solidariedade.

Canção para Milton Nascimento

A lonjura da tua voz não é apenas dos amplos vales de Minas Gerais:
abarca a negra imensidão do oceano azul que em galeras te levou
das praias invadidas do Congo, Ndongo e Benguela,
alcança os planaltos ancestrais
de onde te arrancaram ao coração da terra,
sem suspeitar que na tua voz
ia a alma de todos os homens do mundo.

Na sequência, o texto afirma que na voz de Milton ressoam não apenas instrumentos musicais africanos (*ngomas*), mas também instrumentos ibéricos e ameríndios, capazes de iluminar "os dilacerados quadris da memória reconstruída". Trata-se, aqui, não apenas de celebrar a riqueza da heterogeneidade cultural brasileira, que ganha materialidade no trabalho do compositor, mas, sobretudo, de sublinhar a dimensão trágica de uma história, assentada no colonialismo e na escravidão, cuja memória se encontra em processo de reconstrução. Por isso, como bem revelam os versos finais, a voz de Milton nem sempre é alegre e ele precisa de coragem para "cantar sozinho no meio da escuridão".

É importante considerar que não apenas a poesia, mas também a prosa africana de língua portuguesa tem mantido diálogo fecundo com o Brasil. Alguns ficcionistas destacam, em entrevistas e ensaios, a importância do contato com, por exemplo, a escrita de João Guimarães Rosa, como os angolanos Luandino Vieira e Ruy Duarte de Carvalho (este, também importante poeta) e o já mencionado escritor moçambicano Mia Couto. Ruy Duarte de Carvalho, em seu livro *Desmedida*, de 2006, relata:

> Quando aí por 1965, numa tabacaria da Gabela, interior do Kwanza-Sul, dei encontro com o *Grande sertão: veredas* em edição, a 5ª parece-me, da Livraria José Olympio, o facto foi, de fato e de várias maneiras, muito importante na minha vida. Foi um daqueles livros que vêm, literalmente, ao nosso encontro (...). (...) Defrontei-me então muito arduamente com as primeiras páginas do *Grande sertão* e deixei-me depois entrar naquilo para tornar-me, a partir daí e até agora, um leitor compulsivo, permanente e perpétuo, de Guimarães Rosa. (...)
>
> Mas para o que talvez possa interessar agora, eu estava a encontrar ali, finalmente, um tipo de escrita e de ficção adequadas à geografia e à substância humana que eu andava então, técnico da Junta do Café, a frequentar e a fazer-me delas por Angola afora. (...) E nas paisagens que Guimarães Rosa me descrevia, eu estava a reconhecer aquelas que tinha por familiares. Já porque de natureza a mesma que muitas paisagens de Angola – e em algumas das paisagens de Angola eu reconhecia aquelas, enquanto o lia – já porque a gente que ele tratava, gente de matos e de grotas, de roças e capinzais, era também em Angola aquela com quem durante muitos anos andei a lidar pela via do ofício de viver. (CARVALHO, 2006, p. 85-86)

A leitura de *Grande sertão*: veredas, na década de 1960, chamou a atenção de Ruy Duarte de Carvalho, gerando uma sensação de familiaridade. E as semelhanças entre as paisagens e as gentes do Brasil e Angola são aspectos que ele viria a explorar em obras futuras, como no próprio livro Desmedida, aqui citado.

Nesta antologia, contudo, dedicada apenas à poesia, o diálogo entre prosadores, tão intenso, não é explorado. Por essa razão, do conjunto da obra escrita por Ruy Duarte de Carvalho, o texto que está presente em nosso levantamento é o poema intitulado "Fala de um brasileiro ao capitão-mor Lopo Soares de Lasso", de 1974, que traz justamente a fala (ficcional) de um brasileiro do século XVII em terras angolanas. Esse poema evidencia antigos laços entre Angola e Brasil, dando voz a um brasileiro que abandona projetos de conquista e escolhe seguir novo – e próprio – rumo na nova terra (Angola), tendo, agora, conhecido "as muitas coisas boas", "sabida outra maneira de aqui estar". Para os leitores da prosa de Ruy Duarte de Carvalho, o destino desse brasileiro ecoa o de alguns de seus personagens, como o inglês Archibald Perkings (protagonista de Os papéis do inglês), Severo (protagonista de As paisagens propícias) e o próprio autor ficcionalizado (narrador-personagem dos romances da trilogia Os filhos de Próspero, cujo primeiro volume, o já mencionado Os papéis do inglês, está publicado no Brasil).

Podemos perceber diferentes formas de impacto da prosa sobre a poesia, e mesmo encontrar a homenagem, na forma de poema, a prosadores brasileiros. No conjunto desta antologia, chama especial atenção, nesse sentido, o "Poema a Jorge Amado", de Noémia de Sousa. Vejamos sua estrofe inicial:

O cais...

O cais é um cais como muitos cais do mundo...
As estrelas também são iguais
às que se acendem nas noites baianas
de mistério e macumba...
(Que importa, afinal, que as gentes sejam moçambicanas
ou brasileiras, brancas ou negras?)
Jorge Amado, vem!
Aqui, nesta povoação africana
o povo é o mesmo também
é irmão do povo marinheiro da Baía,
companheiro de Jorge Amado,
amigo do povo, da justiça e da liberdade!
(...)

Os versos de Noémia de Sousa, de 1949, estabelecem uma identificação plena entre Moçambique e Brasil (Bahia), sublinhando elementos que aproximariam os dois espaços (cais, estrelas, povo). Numa perspectiva humanista, que se constrói para além da nacionalidade e cor da pele "(Que importa, afinal, que as gentes sejam moçambicanas/ ou brasileiras, brancas ou negras?)", o texto propõe o estabelecimento de uma rede solidária entre "as gentes", pautada em valores como justiça e liberdade, dos quais Jorge Amado seria o porta-voz. Ao convocar a presença companheira do escritor baiano em terras moçambicanas, a poetisa expressa uma utopia libertária, enraizada na cultura popular, que naquele contexto funcionava simultaneamente como crítica à presença colonialista e aspiração de independência política.

O veemente combate à brutal configuração de um sujeito racial nos processos coloniais é traço marcante da poesia de Noémia de Sousa. A luta que se propõe é de todos, sem discriminação, uma luta contra qualquer forma de racialização – em sintonia, assim, com proposições recentes, como as do filósofo camaronês Achille Mbembe (pensamos especialmente em *Crítica da razão negra*, publicado no Brasil em 2018). A questão racial nos leva, contudo, a lidar com uma referência bem mais antiga: a do lusotropicalismo defendido pelo sociólogo pernambucano Gilberto Freyre, que celebrava no Brasil uma espécie de espaço exemplar de liberdade e democracia racial. Lembremos que sua obra magna, *Casa Grande e senzala*, publicada em 1933, impactou fortemente não apenas a intelectualidade brasileira, mas também intelectuais portugueses e africanos dos países que então eram colônias de Portugal. Outros livros, como *O mundo que o português criou* (1940) e *Aventura e rotina* (1953), serão centrais para a difusão do lusotropicalismo. Para Fernando Arenas,

> As bases teóricas do que seria o lusotropicalismo estender-se-ão eventualmente a praticamente todo o império colonial português a partir de uma série de conferências proferidas [por Gilberto Freyre] na Europa em 1937 e reunidas na obra *O mundo que o português criou* (1940), onde se exalta a miscigenação e a mestiçagem, sobretudo relativamente ao Brasil, embora projetando-se para o resto do império. (ARENAS, 2010)

Entre 1951 e 1952, Gilberto Freyre foi convidado pelo governo português para viajar pelas terras do império. É preciso lembrar que após a Segunda Grande Guerra tornou-se internacionalmente mais difundida a condenação de regimes de natureza colonial. O governo de Salazar – ditador português de 1928 a 1968 – recorre, então, ao lusotropicalismo freyriano para reformular sua ideologia colonial, apelando para a ideia do "bom colono português". Com a apropriação salazarista do pensamento do sociólogo brasileiro na década de 1950, nota-se o afastamento, por parte de muitos escritores e intelectuais africanos, das teses lusotropicalistas de Freyre. O poema "Presença de Gilberto Freyre", do caboverdiano Guilherme Rocheteau, publicado em 1951, evidencia, contudo, a força do lusotropicalismo nos países africanos de língua oficial portuguesa ainda no início da década de 1950, especialmente em Cabo Verde.

É importante destacar que, em nossa perspectiva, na poesia de Noémia de Sousa não há, de modo algum, negação ou suavização da violência colonial portuguesa. O "Poema de João", presente nesta antologia, denuncia justamente sua brutalidade, afirmando também a força da resistência. Mais uma vez, Achille Mbembe vem a nosso auxílio. No já citado *Crítica da razão negra*, Mbembe sugere haver traços de um imaginário cristão em discursos e práticas de combate à escravidão e ao colonialismo. No poema de Noémia de Sousa, a morte violenta é vencida pela ressurreição simbólica: ao invés de morto, João ressurge vivo no seio do povo, tornando-se uma espécie de mártir. O "Poema de João" pode, nesse sentido, ser comparado ao romance *A vida verdadeira de Domingos Xavier*, de Luandino Vieira, cujo protagonista constrói-se sob o signo do sacrifício (de 1961, este livro foi censurado e só veio a ser publicado em 1974).

A questão racial recoloca-se, com contundência, nos textos "Poema preto de fome" e "A cor da Humanidade", de José Luís Mendonça, também aqui publicados. No primeiro, talvez algo do devir-negro proposto por Mbembe se delineie. Para o filósofo, a exploração capitalista, que remonta à escravidão nas plantations das Américas, implica a invenção do "negro" como destituído de humanidade plena. Contudo, Mbembe afirma também que aqueles que assim se viram brutalmente tratados reafirmaram sua condição humana invertendo o rótulo "negro" em chave afirmativa. Sinais de tal duplicidade aparecem no poema de José Luís Mendonça, em que o signo "preto" remete tanto à condição de vítima histórica como à força da resistência daqueles que lutaram e lutam contra a violência e a exploração.

No poema "A cor da Humanidade" é a própria farsa do rótulo racial que se vê denunciada. Como em "A viagem profana", do moçambicano Nelson Saúte, estamos diante de um sujeito em deslocamento, uma espécie de sujeito global ou globalizado.

Contudo, no poema de Saúte, tal sujeito se configura numa chave subjetiva, trata-se de um viajante apaixonado que traça suas afinidades eletivas, suas preferências tanto literárias como espaciais (ocupando, o Brasil, lugar afetivo privilegiado). Já no poema de Mendonça, configura-se um sujeito coletivo que parece implicar todo aquele que possa ser estigmatizado, apanhado na armadilha da racialização. Se o mundo se oferece com generosidade ao poeta em "A viagem profana", no poema angolano toma a forma do impedimento, arma-se contra o sujeito. Assim, em "A cor da Humanidade", a onipresença das categorias raciais é problematizada, afirmando-se, com Martin Luther King e Nelson Mandela, a inalienável condição humana de toda pessoa.

***

Como apontamos inicialmente, este trabalho busca visibilizar as trocas culturais que aproximaram – e ainda aproximam – o Brasil e os países africanos de língua oficial portuguesa, ao longo de séculos de uma história de entrelaçamentos. No diálogo poético estabelecido desde o século XIX até a contemporaneidade, capaz de aproximar as duas margens do Atlântico, a solidariedade e a criatividade emergem como marcas efetivas da aproximação estabelecida.

O conjunto de poemas reunidos em nosso mapeamento, ponto de partida da presente antologia, aponta para representações diversas: há poemas que apenas mencionam o Brasil, entre outros países do continente americano, como destino de africanos escravizados; há poemas que estabelecem alguma relação intertextual com obras da literatura brasileira; outros enaltecem o Brasil, desde uma perspectiva idealizada, por vezes até mesmo exotizante ou turística; há aqueles que se referem com admiração a personalidades brasileiras (escritores, compositores, intelectuais etc.); há, ainda, poemas que mencionam a opressão – e a resistência a formas de opressão – dos negros no Brasil. Como se vê, de maneira múltipla, o Brasil se faz presente.

Dessa maneira, como conclusão parcial, podemos reter que, por vezes, o Brasil é rememorado na poesia africana como destino de brutal tráfico humano (com destaque para poemas do período colonial); e, outras, imaginado como espaço utópico de liberdade política e harmonia racial (imbuindo-se, então, de traços do lusotropicalismo freyriano); de modo geral, nosso país emerge como um território cúmplice, de onde emanam vozes capazes de compreender e se irmanar com realidades sociais e culturais percebidas a partir de uma óptica comparatista.

Entendemos que os textos levantados sugerem que, seja no profícuo diálogo literário, seja na menção a traços da cultura brasileira veiculada em terras africanas, seja ainda no recurso a uma memória colonial comum de assombrosa violência e na afirmação de resistência (o negro que luta, na África e nas Américas, contra o racismo, por exemplo), o Brasil está fortemente presente no repertório poético africano de língua portuguesa.

Trata-se de uma presença viva, de um diálogo em curso, como atestam os textos de escritores que, em publicações recentes, continuam a mencionar nosso país. Nos poemas selecionados de autores contemporâneos, as referências ao Brasil, sua paisagem e sua cultura – nomeadamente nos campos da literatura e da música – demonstram que o país ainda ocupa um espaço privilegiado no imaginário dos autores africanos. Há certamente muito ainda a descobrir. Os poemas reunidos por nós não esgotam a questão dos trânsitos culturais entre o Brasil e os países africanos de língua oficial portuguesa. Ao contrário, esta seleção pretende abrir caminhos e instigar o estudo de aspectos da presença do Brasil nas literaturas africanas de língua portuguesa, inclusive a investigação de novas formas e possibilidades de diálogo.

São Paulo, janeiro de 2019.

Anita Martins Rodrigues de Moraes
Doutora em Teoria e História Literária pela Universidade de Campinas (Unicamp), com pós-doutorado pela Universidade de São Paulo.
Professora de Teoria da Literatura na Universidade Federal Fluminense (UFF).

Vima Lia de Rossi Martin
Doutora em Letras pela Universidade de São Paulo.
Professora de Estudos Comparados de Literaturas de Língua Portuguesa na mesma instituição (FFLCH-USP).

Referências:

ANDRADE, Costa. *Literatura angolana (opiniões)*. Lisboa: Edições 70, 1980.

ARENAS, Fernando. "Reverberações lusotropicais: Gilberto Freyre em África". In: *Buala* - Cultura Contemporânea Africana, 2010. Acessível em: http://www.buala.org/pt/a-ler/reverberacoes-lusotropicais-gilberto-freyre-em-africa-1-cabo-verde

CARVALHO, Ruy Duarte de. *Desmedida*: crônicas do Brasil (Luanda – São Paulo – São Francisco e volta). Lisboa: Cotovia, 2006.

COSTA e SILVA, Alberto da. *Um rio chamado Atlântico: a África no Brasil e o Brasil na África*. Rio de Janeiro: Nova Fronteira; Editora UFRJ, 2003.

COUTO, Mia. *Pensatempos: textos de opinião*. Lisboa/Maputo: Editorial Ndjira, 2005.

LABAN, Michel. *Cabo Verde. Encontro com escritores*. Porto: Fundação Engenheiro António de Almeida, 1992.

LARA Filho, Ernesto. *Crônicas da roda gigante*. Porto: Afrontamento, 1990.

MACÊDO, Tania. *Angola e Brasil: estudos comparados*. São Paulo: Editora Arte e Ciência, 2002.

MBEMBE, Achille. *Crítica da razão negra*. São Paulo: Edições N-1, 2018.

fontes	Cabin (Impallari Type)
	Aganè (Danilo de Marco)
papel	Avena 80 g/m²
impressão	BMF Gráfica